essentials

Tobias Weigl · Johannes Mikutta

Motivierende Gesprächsführung

Eine Einführung

Springer

Tobias Weigl
Düsseldorf, Deutschland

Johannes Mikutta
Krefeld, Deutschland

ISSN 2197-6708   ISSN 2197-6716   (electronic)
essentials
ISBN 978-3-658-24480-4   ISBN 978-3-658-24481-1   (eBook)
https://doi.org/10.1007/978-3-658-24481-1

Die Deutsche Nationalbibliothek verzeichnet diese Publikation in der Deutschen Nationalbiblio-grafie; detaillierte bibliografische Daten sind im Internet über http://dnb.d-nb.de abrufbar.

Springer ist ein Imprint der eingetragenen Gesellschaft Springer Fachmedien Wiesbaden GmbH und ist ein Teil von Springer Nature
Die Anschrift der Gesellschaft ist: Abraham-Lincoln-Str. 46, 65189 Wiesbaden, Germany

Was Sie in diesem *essential* finden können

- Theoretische Einordnung konzeptueller Besonderheiten der Motivierenden Gesprächsführung
- Darstellung notwendiger Gesprächsvoraussetzungen
- Beschreibung der grundlegenden Techniken und Prozesse
- Potenzielle Anwendungsfelder
- Möglichkeiten um eigene Kenntnisse selbstständig zu vertiefen

Inhaltsverzeichnis

Einleitung

Als Sozialarbeiter[1] oder Psychologe begegnet man häufig Menschen, deren Verhalten nicht förderlich für die eigene psychische oder körperliche Gesundheit ist. Darunter könnte beispielsweise eine ausgeprägte Schonhaltung bei chronischer Schmerzerkrankung verstanden werden, wodurch die Lebensqualität des Klienten zusätzlich eingeschränkt wird. Darüber hinaus gibt es Menschen, deren Handlungen sogar bereits zu Schädigungen der eigenen Person geführt haben und trotzdem nicht beendet werden. So kann unter Umständen der dauerhafte und exzessive Konsum von Alkohol diverse gesundheitliche Probleme erzeugt haben. Nichtsdestotrotz wird der Konsum nicht eingestellt, sondern fortgeführt oder die Konsummenge sogar gesteigert. Solche Verhaltensweisen erschließen sich außenstehenden Personen in der Regel nicht und verschleiern damit, dass viele der Betroffenen bereits erfolglos Änderungs- und Behandlungsversuche unternommen haben. In der Folge trifft man Menschen, die auf den ersten Blick scheinbar kein Interesse an einer Änderung ihres Verhaltens haben. Mitunter neigen Behandler dazu, dies als mangelnde Motivation oder gar als Therapieresistenz zu interpretieren. Dies führt nicht selten zur Einschätzung, die betroffene Person müsse nur durch geeignete Argumente überzeugt werden (häufig mittels einer Darstellung der negativen Folgen des eigenen Verhaltens, z. B. von übermäßigem Alkoholkonsum) um anschließend motiviert zu sein, dass aus Sicht des Behandlers „richtige" Verhalten zu zeigen. Solche Gespräche münden tatsächlich häufig in einer Konfrontation und verhindern in der Regel den Aufbau von Motivation sowie einer therapeutischen Beziehung. Im schlimmsten Fall erscheint der Klient zum nächsten Gespräch erst gar nicht.

---

[1]Aus Gründen der besseren Lesbarkeit verwenden wir in diesem Buch das generische Maskulinum. Dies impliziert immer beide Formen, schließt also die weibliche Form mit ein.

© Springer Fachmedien Wiesbaden GmbH, ein Teil von Springer Nature 2019
T. Weigl und J. Mikutta, *Motivierende Gesprächsführung*, essentials,
https://doi.org/10.1007/978-3-658-24481-1_1

Die Motivierende Gesprächsführung bzw. das Motivational Interviewing (MI) versucht zum Erreichen von Verhaltensänderungen alternative Vorgehensweisen zu nutzen. Ursprünglich aufgrund ihrer unbefriedigenden Erfahrungen bei der Arbeit mit Suchterkrankten entwickelten William R. Miller und Stephen Rollnick diesen neuartigen Ansatz der Gesprächsführung zu Beginn der 1980er Jahre. Dabei stellten sie insbesondere das bis zu diesem Zeitpunkt stark autoritär und konfrontativ geprägte therapeutische Vorgehen infrage (Miller 1983; Miller und Rollnick 2015).

Doch was genau ist das Besondere an diesem Vorgehen? Grundlegend im Fokus steht beim MI eine innerliche Zerrissenheit des Klienten zwischen dem Beibehalten des Problemverhaltens und dem Anstreben einer Änderung um sich eigenen Lebenswerten und -zielen zu nähern. MI nimmt somit an, dass Menschen also keineswegs ausschließlich unmotiviert in Bezug auf eine Änderung sind, sondern bereits Wissen über die positiven Aspekte einer Änderung haben. Dieser Zwiespalt wird im MI mit dem Erleben von Ambivalenz beschrieben (Miller und Rollnick 2015). Davon ausgehend haben Miller und Rollnick eine bestimmte Art der Kommunikation mit dem Klienten entwickelt, die genau diesen Umstand aufgreift.

Das vorliegende Buch soll wesentliche Informationen und Hintergründe zum MI vermitteln, welche als unabdingbar für das Verständnis dieses Ansatzes scheinen. Einer Beschreibung der Entwicklung von Motivation bei Klienten anhand geläufiger Modellvorstellungen folgt eine aktuelle Definition des MI.

Weiterhin wird erläutert welche Anforderungen MI an den Kontext der Gesprächssituation und die innere Haltung (sog. MI-Spirit) des Behandlers stellt. Diese ist insbesondere durch einen partnerschaftlichen Umgang zwischen Klient und Behandler gekennzeichnet.

Anschließend werden für das MI grundlegende Gesprächstechniken erläutert. Diese bilden mit dem MI-Spirit und den therapeutischen Prozessen die Kernelemente des MI und werden durchwegs eingesetzt. Sie sollen beispielsweise durch offene Fragen für Gesprächsfluss sorgen und stellen eine unabdingbare Komponente für den Beziehungsaufbau dar (Körkel 2012; Miller und Rollnick 2015).

Eine ausführliche Erläuterung der einzelnen Prozessphasen des MI schließt sich an. Die Rolle der jeweiligen Phase und der Verknüpfung mit anderen Phasen wird herausgestellt.

Nachdem alle notwendigen Grundlagen und deren Zusammenspiel verdeutlicht wurden, folgt eine Übersicht zu den vielgestaltigen Anwendungsfeldern des MI.

Da MI insbesondere von häufiger Anwendung und Feedback durch erfahrene Anwender funktioniert, wird die Teilnahme an entsprechenden Workshops von den Autoren ausdrücklich empfohlen. Das Literaturstudium ersetzt daher kein Training des MI. Daher finden Sie weitere Anregungen zur Verbesserung der Kenntnisse des MI im abschließenden Kapitel „Verbesserung der eigenen Gesprächsfertigkeiten".

Die Erläuterungen zu der genannten Themen werden nach Bedarf ergänzt durch praxisorientierte Beispiele. Dafür greift das Buch den Umgang mit als unmotiviert erlebten Klienten auf. So werden handlungsleitende Anregungen gegeben, die möglichst klar und nachvollziehbar eine Vorstellung von der Anwendung des MI ermöglichen sollen.

Einordnung der Motivierenden Gesprächsführung

2

2.1 Motivationslage und Veränderungsstadien

Verschiedene Konzepte stellen den bestehenden Willen zur Mitarbeit als unabdingbare Voraussetzung für die Behandlung eines Klienten dar. Sehr häufig findet sich in diesem Zusammenhang der Begriff der Compliance. Mit einer guten bzw. hohen Ausprägung kennzeichnet man dabei das nahezu vollständige Befolgen der medizinischen Instruktionen durch den Klienten (Haynes und Sackett 1976). Zu kritisieren ist hierbei insbesondere die Annahme, Klienten könnten relativ einfach die ihnen vorgegebenen Verhaltensweisen umsetzen. Bei Nichtbefolgen werden Klienten nicht selten mit dem Begriff der mangelnden Compliance belegt, was mitunter zu einer Stigmatisierung des Klienten führt. Daher hat sich mittlerweile fast ausschließlich der Begriff Adhärenz durchgesetzt. In diesem weiterentwickelten Konzept geht es zwar ebenso darum, ob der Klient bereit ist ein im Rahmen der Behandlung zielführendes Verhalten auszuführen. Allerdings wird dieses Verhalten (z. B. ein Behandlungsplan) zwischen Klient und Behandler gemeinsam festgelegt. So sollen Selbstbestimmung und Autonomie des Klienten hervorgehoben und dadurch die aktive Beteiligung gefördert werden (Sabaté 2003).

Unklar bleibt allerdings, wie bei Menschen Verhaltensänderungen hervorgerufen werden können. Hierzu existieren verschiedene Annahmen. Seit Beginn der 1950er Jahre werden Theorien erforscht, welche die Entstehung von Motivation zur Verhaltensänderung u. a. auf das Empfinden von Furcht zurückführen. Dabei handelt es sich um sogenannte Furchtappelltheorien (Carpenter 2010; Harrison et al. 1992; Janis und Feshbach 1953; Lippke und Renneberg 2006). Durch Abschreckung mit den negativen Folgen sollen Menschen beispielsweise vom Konsum von Alkohol oder Nikotin Abstand nehmen. Die Anwendung von Furchtappellen scheint jedoch nur bedingt zu Verhaltensänderungen zu führen und insbesondere in Gesprächen

© Springer Fachmedien Wiesbaden GmbH, ein Teil von Springer Nature 2019
T. Weigl und J. Mikutta, *Motivierende Gesprächsführung*, essentials,
https://doi.org/10.1007/978-3-658-24481-1_2

zwischen Klient und Behandler das intendierte Ziel zu verfehlen (Miller et al. 2014). Die Furchtappelltheorien berücksichtigen darüber hinaus nicht den Verlauf in Phasen hin zu einer Verhaltensänderung. Dem stehen Modelle gegenüber, welche die Entwicklung von Motivation bis hin zu einer dauerhaften Verhaltensänderung als Prozess über mehrere Stadien beschreiben (Prochaska und DiClemente 1982). Grundlegend soll daher mittels des geläufigen Transtheoretischen Modells eine Darstellung erfolgen, welche verschiedenen Stadien ausgehend von Absichtslosigkeit durchlaufen werden. Dabei handelt es sich um ein Stufenmodell, welches als fortlaufender Prozess zu verstehen ist und über eine Sequenz von qualitativ definierten Stadien verläuft (Prochaska und DiClemente 1982). Im Transtheoretischen Modell wird angenommen, dass sich jede Änderung in einer Abfolge von folgenden 5–7 Schritten vollzieht:

- Absichtslosigkeit (Precontemplation) – Eine Person in dieser Phase denkt nicht über Verhaltensänderung nach
- Absichtsbildung (Contemplation) – Jemand in diesem Stadium denkt bereits über eine Verhaltensänderung nach
- Vorbereitung (Preparation) – Eine Person in diesem Stadium hat schon eine Intention gebildet ihr Verhalten zu ändern und führt erste Vorbereitungen durch
- Handlung (Action) – Die Person führt bereits das geplante Verhalten aus
- Aufrechterhaltung (Maintenance) – Die Person führt das von ihr gewünschte Verhalten seit längerer Zeit mit dem Ziel der Stabilisierung der vorgenommenen Verhaltensänderung aus
- Evtl. Rückfall (Relapse)
- Dauerhafter Ausstieg/dauerhafte Beibehaltung (Termination) – Keinerlei Versuchung, in das alte Risikoverhalten zurückzufallen; Die Aufrechterhaltung des Gesundheitsverhaltens erfordert keinerlei selbstregulative Anstrengungen mehr, sondern ist automatisiert und zur Gewohnheit geworden

Für die jeweiligen Stadien sind spezifische Interventionen nötig. Anhand des Modells lässt sich bereits die große Bedeutung einer auf das jeweilige Stadium angepassten bzw. „maßgeschneiderten" Intervention ableiten. Ist die Maßnahme erfolgreich, konnte dem Klienten ein Wechsel in die nächste Stufe ermöglicht werden (DiClemente et al. 1991).

Die Annahme einer aufsteigenden Entwicklung über die Zeit hinweg scheint für Verhaltensänderungen allerdings nicht zwingend zutreffend zu sein. Mitunter verfallen Menschen trotz anderer Absichten in gewohnte, nachteilige Muster zurück und streben dann erneut die Umsetzung einer Verhaltensänderung an (Rosengren 2015). Entsprechend müssen diese Personen wieder niedrigeren Stufen zugeordnet werden. Dies wird dadurch ermöglicht, dass sich in jedem Stadium beim Klienten typische Gedanken und Empfindungen zeigen. Anders formuliert verläuft die Entscheidung für eine Handlung tendenziell eher zirkulär als linear (DiClemente et al. 1991). Auch wenn es sich um gegenseitig abzugrenzende Modelle handelt, stellt das transtheoretische Modell eine wesentliche Grundlage für das Verständnis des Rationals des MI dar (Miller und Rollnick 2015). Insbesondere die Phasen der Absichtslosigkeit und Absichtsbildung können als Ansatzpunkte für das MI angesehen werden (Heather et al. 1996). Motivation kann nicht mit einem Schalter ein- oder ausgeschaltet werden. Vielmehr ist anzunehmen, dass hin zu einer Verhaltensänderung eine Entwicklung stattfindet. Dabei kann Ambivalenz bestehen bleiben, selbst wenn das Zielverhalten schon gezeigt wird.

2.2   Ziele der Motivierenden Gesprächsführung

Für gewöhnlich haben Menschen in Bezug auf das eigene Leben Wünsche, Absichten und längerfristige Ziele, die mit bestimmten Wertvorstellungen verknüpft sind. Im MI werden stets Versuche unternommen diese Aspekte gemeinsam mit dem Klienten zu explorieren. Aufgedeckte Widersprüche zwischen dem aktuellen Verhalten und den Vorstellungen hinsichtlich des eigenen Lebens können zur Entwicklung von Ambivalenz beitragen. Folgende Fragen können bspw. zur Exploration genutzt werden: „Erzählen Sie mir, was Ihnen im Leben am wichtigsten ist."; „Wenn Sie an Ihr Leben in einigen Jahren denken, welche Veränderungen erhoffen Sie sich dann?" (Miller und Rollnick 2015, S. 101).

Den Argumenten sich für eigene Ziele und Werte einzusetzen stehen in der Regel Gründe entgegen welche gegen eine Veränderung sprechen (Miller und Rollnick 2015). Jeder der bereits versucht hat mit dem Rauchen aufzuhören oder weniger Süßigkeiten zu essen, wird das mehr oder weniger bestätigen können. Eine solche Ambivalenz steht in Zusammenhang mit kognitiver Dissonanz (Festinger 1954; Kröger et al. 2016). Demnach stellt sich ein als unangenehm erlebter Spannungszustand ein, sobald das Verhalten eines Menschen nicht mit dessen Einstellung in Übereinstimmung zu bringen ist. In der Folge finden sich widerstreitende Gedanken, Einstellungen, Wünsche und Absichten. Der dabei auftretende aversive Zustand und der Wunsch diese Dissonanz zu verringern kann als relativ typisch angesehen werden (Kröger et al. 2016). Das MI setzt sich grundsätzlich mit der Frage auseinander, wie Klienten im Umgang mit einer solchen Ambivalenz unterstützt werden können und strebt die Auflösung der Ambivalenz in Richtung einer Veränderung an um Dissonanzreduktion zu erreichen. Diese Zielorientierung zeigt sich konkret im Gesprächsverhalten. Sämtliche vom

Klienten geäußerte Aussagen, die mit Veränderung assoziiert sind (=Change Talk, siehe auch Abschn. 5.3), werden vom Behandler gezielt verstärkt. Eine Argumentation zugunsten einer Veränderung durch den Behandler sollte vermieden werden. Der Klient argumentiert sonst gegen die Veränderung und für sein derzeitiges, wenn auch nachteiliges, Verhalten (=Sustain Talk, siehe auch Abschn. 5.3). Mit einem kooperativen und partnerschaftlichen Stil soll solchen Gesprächssituationen entgegengewirkt werden.

2.3   Definition der Motivierenden Gesprächsführung

Miller und Rollnick (2015, S. 50) schlagen als eine mögliche Definition von MI vor: „Motivational Interviewing ist ein personenzentrierter therapeutischer Stil, der sich dafür eignet, mit dem häufigen Problem der Ambivalenz gegenüber Veränderung umzugehen.". Anhand dieser Definition lassen sich bereits grundlegende Prinzipien des MI ableiten. Die Beschreibung als personenzentrierter Stil lässt erkennen, dass der Behandler eine kooperative und mitfühlende Haltung einnimmt. Dabei steht der Klient mit seinem individuellen Erleben im Fokus der Gesprächsführung, wobei darüber hinaus stets ausreichend Autonomie gewährt werden soll. Die Benennung der Ambivalenz zeigt auf, dass diese als universelles Phänomen bei Veränderungsprozessen einen gezielten Umgang benötigt. Konkret wird dieser Umgang in einer weiteren Definition mit folgenden Worten beschrieben: „Dieser Stil ist daraufhin konzipiert, die persönliche Motivation für und die Selbstverpflichtung auf ein spezifisches Ziel zu stärken, indem er die Motive eines Menschen, sich zu ändern, in einer Atmosphäre von Akzeptanz und Mitgefühl herausarbeitet und erkundet" (Miller und Rollnick 2015, S. 50). Um dies zu erreichen, wird der Fokus vor allem auf Veränderung und darauf bezogene Äußerungen des Klienten gelegt (Jähne und Schulz 2018).

Bei näherer Betrachtung scheinen sich also zwei Anliegen entgegen zu stehen. Einerseits wird Veränderung in einer direktiven Art und Weise angestrebt. Dabei soll jedoch die Autonomie des Klienten gewahrt bleiben und sich das Gespräch stets an den Werten und Zielen des Klienten orientieren. Wenngleich dies auf den ersten Blick als widersprüchlich erscheint, kennzeichnet es doch einen weiteren Aspekt des MI (Jähne und Schulz 2018).

Wie sich dies in der Gesprächsführung tatsächlich umsetzen lässt, wird in den folgenden Kapiteln beschrieben.

Grundvoraussetzungen 3

3.1 Rahmenbedingungen

MI lässt sich prinzipiell in diversen Gesprächssituationen einsetzen. Neben Anpassungen von MI (Adaptations of MI = AMI) sind auch Erweiterungen geläufiger therapeutischer Richtungen wie der Verhaltenstherapie um das MI denkbar. Hier scheint vor allem die Vorbehandlung mit MI erfolgversprechend zu sein. Solche Vorgehensweisen werden in der hiesigen Literatur als „Motivational Enhancement Therapies (MET)" bezeichnet (Westra et al. 2011). Als Beispiel lässt sich hier die Gesprächsführung nach den Prinzipien des MI bei der Übermittlung von Untersuchungsergebnissen in der hausärztlichen Praxis nennen (VanBuskirk und Wetherell 2014).

Der beziehungsförderlichen Grundhaltung im MI kommt dabei besondere Bedeutung zu (siehe Abschn. 5.1). Da Beziehungsaufbau für alle anderen Prozesse des MI eine Voraussetzung ist und zudem nachgewiesene Wirkvariable in psychotherapeutischen Behandlungen, eignet sich MI damit auch für einmalige oder wenige Kontakte (Flückiger et al. 2018; Høglend 2014). Dies betrifft auch Settings, in denen sehr wahrscheinlich nur ein einmaliger Gesprächskontakt zustande kommt, wie bei Klienten die ein OP-Vorgespräch wahrnehmen (Krampe et al. 2017; VanBuskirk und Wetherell 2014). Dabei scheinen sich solche gesundheitsbezogenen kritischen Lebensereignisse gut für den Einsatz von MI zu eignen (McBride et al. 2003). Auch bei geplanter weiterführender Behandlung ist der erste Kontakt als entscheidend anzunehmen. Kommt es allerdings bereits hier zu Kommunikationssperren (Gordon 1972) entsteht möglicherweise Dissonanz (= Discord, siehe auch Abschn. 5.3) und es bleibt bei diesem einen Kontakt. Jedes Setting erfordert damit vom Behandler eine Prüfung der Anwendbarkeit und eine Anpassung des Vorgehens im MI. Dabei wird relativ schnell erkennbar, dass

© Springer Fachmedien Wiesbaden GmbH, ein Teil von Springer Nature 2019
T. Weigl und J. Mikutta, *Motivierende Gesprächsführung*, essentials,
https://doi.org/10.1007/978-3-658-24481-1_3

sich eine gewisse Notwendigkeit für Kurzinterventionen von MI ergibt. In der Beratung von rauchenden Schwangeren, bei Adipositas oder Diabetes bspw. in der hausärztlichen Praxis wird deutlich, dass, wenn auch gewollt, nicht für jeden Klienten genügend Zeit zur Verfügung steht, um ausführlich in die MI-Prozesse einzusteigen. Jeder kleine Schritt, der dem MI entnommen wird und ins Gespräch mit dem Klienten einfließt, kann allerdings die Auseinandersetzung mit der Ambivalenz fördern und die Änderungsbereitschaft stärken.

3.2 „MI-Spirit" – Die innere Haltung des Behandlers

Frühere Ansätze des MI erweckten den Eindruck es handle sich um eine spezifische Beratungs- oder Therapieform. Vielmehr ist unter MI jedoch ganz allgemein eine bestimmte Art der Kommunikation zu verstehen. Von entscheidender Bedeutung für das MI ist dabei der sogenannte „Spirit" (Rollnick und Miller 1995). Darunter versteht man eine klientenzentrierte Grundhaltung mit der grundsätzlichen Annahme, dass Menschen per se in der Lage sind sich zu ändern. Dies ähnelt dem Menschenbild in der humanistisch orientierten Gesprächspsychotherapie, welche Carl Rogers durch Kongruenz (=authentisches Kommunizieren), Empathie und bedingungslose Wertschätzung prägte (Rogers 1983). Im Unterschied zur klientenzentrierten Gesprächspsychotherapie ist das MI jedoch direktiv, d. h. der Fokus wird im Gespräch gezielt auf für die Verhaltensänderung wichtige Themen gerichtet. In leicht abgewandelter Form lassen sich die Grundannahmen der Gesprächspsychotherapie ebenso im MI finden:

- Partnerschaftlichkeit: Darunter versteht man die aktive Zusammenarbeit zwischen Klient und Behandler auf Augenhöhe, wobei der Klient als Experte seiner Veränderung angesehen wird. Es soll also nicht einfach durch den Behandler Fachwissen übergestülpt werden.
- Akzeptanz: Das Konzept der Akzeptanz hat seinerseits vier Bestandteile, in die Annahmen von Carl Rogers einfließen (bedingungslose Wertschätzung, Empathie, Unterstützung der Autonomie und Würdigung).
  Unter **bedingungsloser Wertschätzung** ist das Akzeptieren des Gegenübers ohne Wenn und Aber zu verstehen, wodurch erst die Grundlage für die eigene Entfaltung und Entwicklung geschaffen wird.
  Mit **Empathie** sind die Bestrebungen gemeint, tatsächlich das innere Erleben des Gegenübers verstehen zu wollen.

Akzeptanz zeigt sich auch in der **Unterstützung der Autonomie** der Klientin. Umso weniger selbstbestimmt eine Person ist, umso mehr wird diese Person um den Erhalt der eigenen Freiheit kämpfen (Deci und Ryan 2000, 2008). Im Rahmen der **Würdigung** sollen Ressourcen, aber auch der Einsatz der Klientin geachtet und respektiert werden.

- Mitgefühl: Wir stellen uns in den Dienst der Klienten und begünstigen die Erfüllung ihrer Bedürfnisse (Miller und Rollnick 2015).
- Evokation: Die beim Klienten ohnehin vorhandenen Bewältigungsressourcen sollen enthüllt werden. Dies steht entgegen einem häufig anzutreffenden medizinischen Krankheitsmodell, welches sich am „wegmachen" von Defiziten orientiert.

Die authentische Übernahme des MI-Spirit als innere Grundhaltung wird dabei als wesentliche Komponente angesehen und ermöglicht mit den Basistechniken die Umsetzung der Prozessphasen des MI.

Basistechniken der Motivierenden Gesprächsführung

4

Mehrere Elemente bilden die handwerkliche Grundlage für MI und kennzeichnen den Gesprächsstil. Dabei handelt es sich um spezifische Techniken der Gesprächsführung, die jeweils unterschiedliche Zwecke erfüllen sollen. Konkret handelt es sich um:

- Offene Fragen (Open questions)
- Würdigungen (Affirming)
- Reflektierendes Zuhören (Reflecting)
- Zusammenfassungen (Summarizing)

Im englischen Original wird das Akronym OARS gebildet. Zusätzlich findet sich eine weitere Technik, die dazu dient zu informieren und Ratschläge zu geben. Auf den ersten Blick werden diese Techniken häufig als relativ simpel eingeschätzt. Zusammen mit dem MI-Spirit bilden sie jedoch die essenzielle Voraussetzung für MI von ausreichender Qualität. Nachfolgend werden die einzelnen Techniken genauer beschrieben.

4.1 Offene Fragen

Um den Prozess der Selbsterkundung nicht zu verhindern, sollten im Gespräch Fragen verwendet werden, die sich nicht mit „Ja", „Nein" oder bestimmten Fakten (z. B. „Wann haben Sie das letzte Mal geraucht?") beantworten lassen.

Es sollte jedoch darauf geachtet werden offene Fragen immer in Kombination mit Reflexionen (siehe Abschn. 4.3) einzusetzen um beim Klienten nicht das Gefühl eines Kreuzverhörs zu erzeugen (Kröger et al. 2016; Miller und Rollnick 2015).

© Springer Fachmedien Wiesbaden GmbH, ein Teil von Springer Nature 2019
T. Weigl und J. Mikutta, *Motivierende Gesprächsführung*, essentials,
https://doi.org/10.1007/978-3-658-24481-1_4

4.2   Würdigungen

Für geleistete Anstrengungen, Stärken, aber auch in der Person liegende Eigenschaften sollte der Klient bestätigt und gewürdigt werden (Kröger et al. 2016). Dabei ist auf die Abgrenzung von einem bloßen Lob zu achten, da hierbei die Gefahr besteht eine asymmetrische Kommunikationssituation zu erzeugen: Der Lobende begibt sich in eine überlegene Position (Kröger et al. 2016; Miller und Rollnick 2015). Statt einem unspezifischen Lob sollte daher eine gezielte Würdigung eines konkreten Verhaltens erfolgen („Obwohl es Sie viel Energie gekostet hat, sind Sie heute zur Therapie gekommen.").

4.3   Reflektierendes Zuhören

Die Fertigkeit des reflektierenden Zuhörens kann getrost als substanzielle Grundlage für alle in Kap. 5 dargestellten MI-Prozesse angesehen werden. Die geläufige Bezeichnung sorgt allerdings oftmals für Missverständnisse. Es geht nicht bloß um aufmerksames Wahrnehmen des Gesagten. Der Zuhörer stellt darüber hinaus eine mehr oder weniger interpretative Vermutung an, was die Person gemeint haben könnte und formuliert dies in einer Aussage. Auf Fragen wird dabei für gewöhnlich verzichtet. Diese könnten den Klienten unter Druck setzen oder in eine defensive Haltung zwingen (Miller und Rollnick 2015). Der Redefluss der Person und damit die Problemschilderung sollen jedoch nicht unterbrochen werden. Im Kern hat der reflektierende Zuhörer die Aufgabe herauszufinden, welche Bedeutung den Aussagen einer Person zugewiesen werden kann. So kann das Verständnis für das Erleben des Klienten verbal ausgedrückt und dadurch die Selbsterkundung ermöglicht werden.

Miller und Rollnick (2015) unterscheiden dabei anhand der Tiefe in einfache und komplexe Reflexionen. Die einfache Reflexion entspricht dem geläufigen Paraphrasieren. Es wird keine weitere Information hinzugefügt. Bei einer komplexen Reflexion hingegen ist das wesentliche Element die Fortführung von Gedanken des Klienten. Dabei werden Akzente gesetzt oder bestimmte Themen in den Mittelpunkt gestellt. Dies erfordert Erfahrung und gleichzeitig Achtsamkeit für das Klientenverhalten. Ob die Reflexion zu komplex (anders gesagt: zu interpretativ) war, kann nämlich letztlich nur an der Reaktion des Gegenübers erkannt werden.

4.4 Zusammenfassungen

Die Zusammenfassungen im MI können wie eine groß angelegte Reflexion verstanden werden. Bisherige Aussagen des Klienten werden mit unterschiedlichen Schwerpunktsetzungen wie aus einem Guss dargestellt. Dabei lassen sich drei Arten von Rückmeldungen unterscheiden, die in der Regel bestimmte Funktionen erfüllen:

- Sammeln: Mehrere vorangegangene Aspekte des Gesprächs werden zusammengefasst, bspw. positive Dinge, die sich bei Aufgabe des Substanzkonsums einstellen würden. Nach der Sammlung kann der Klient mittels der Frage „Was noch?" zum Weiterführen der Liste aufgefordert werden.
- Verbinden: Dabei wird das eben Gesagte mit einem vorher im Gespräch geschilderten Erlebnis in Verbindung gebracht.
- Überleiten: Bevor der Wechsel zu einem anderen Aspekt des Gesprächs erfolgt, findet eine Zusammenfassung statt.

Durch eine überblicksartige Darstellung erhält der Klient einen Blick auf seine Ambivalenz, die nicht durch einzelne Details verstellt ist. Darin offenbart sich das große Potenzial von Zusammenfassungen (Miller und Rollnick 2015).

4.5 Informieren und Ratschläge geben

Eine gewisse Sonderstellung nimmt das Vorgehen ein, dem Klienten Informationen zur Verfügung zu stellen und Ratschläge zu erteilen, da es im Rahmen des MI nur eine untergeordnete Funktion hat (Miller und Rollnick 2015). Sollen sie eingesetzt werden, wird im MI großer Wert darauf gelegt Informationen und Ratschläge nicht einfach ungefragt zu äußern. Die Weitergabe erfolgt stattdessen dem folgenden Prinzip:

Elicit – Provide – Elicit (Nachfrage stellen – Informationen liefern – Nachfrage stellen).

Unter Berücksichtigung der Autonomie des Klienten wird zunächst die Erlaubnis eingeholt, als Behandler einen spezifischen Ratschlag geben zu dürfen (Elicit). So kann auch geklärt werden, bezüglich welcher Aspekte beim Patienten ein Informationsbedarf besteht. Fragen könnten lauten: „Darf ich Ihnen noch Informationen zum Thema geben, die auch für andere Klienten von Bedeutung waren?".

Nach Zustimmung des Patienten werden zunächst wenige Informationen angeboten. Durch den Einsatz offener Fragen und bei Bedarf Reflexionen soll eine fortlaufende Prüfung erfolgen ob der Klient selbstständig etwas zum Thema beitragen kann (Provide). Einleiten könnte man mit folgenden Sätzen: „Ich bin mir nicht sicher, ob es für Sie relevant ist, aber…“, „Möglicherweise gefällt Ihnen folgender Vorschlag…“.

Im letzten Schritt erfolgt die Nachfrage ob die vermittelte Information verständlich ist. Begleitend soll die Autonomie des Klienten gestärkt werden (Elicit). Dafür eignen sich folgende Sätze:

„Was machen Sie mit der Information?“, „Haben Sie noch Fragen dazu?“, „Ist das für Sie nachvollziehbar?“

Die Darstellung dieser Basistechniken lässt deutlich werden, dass der Klient im MI deutlich stärker im Fokus steht und deutlich aktiver am Gespräch beteiligt ist bzw. dieses mitgestaltet als es für manch andere Behandlungskontakte üblich ist. Wie sich nun die gesamte Gesprächsführung im MI aufbaut, wird im nächsten Kapitel durch die wesentlichen Prozesse des MI erläutert.

Wesentliche Prozesse der Motivierenden Gesprächsführung

5

Es könnte einfach sein – Der Klient kommt zum Gespräch, der Behandler macht eine Behandlungsempfehlung, führt ein „motivierendes" Gespräch im Hinblick auf die Veränderungsvorzüge und der Klient setzt in den nächsten Wochen engagiert die Empfehlungen um, gegebenenfalls noch eine kurze Rücksprache bei einem weiteren Termin, und der Klient ist genesen.

Wie oben bereits in verschiedenen Szenarien beschrieben, ist dies in vielen Fällen eine fromme Wunschvorstellung. Das Transtheoretische Modell (siehe Abschn. 2.1) stellt dar, dass sich jeder Mensch in einem anderen Stadium bezüglich einer Veränderung bzw. Nicht-Veränderung befindet. Dies macht es somit nötig ein ganz individuelles und auf das jeweilige Stadium angepasste Vorgehen anzusetzen, um einen Klienten für eine Veränderung zu motivieren.

Im Folgenden findet sich eine Darstellung wie im MI vorgegangen wird, um jeden Klienten individuell im Gespräch zu einer Steigerung seiner Veränderungs-motivation und –absicht zu leiten.

Dafür lassen sich vier Prozesse beschreiben, die im Verlauf generell aufeinander aufbauen und einander folgen, jedoch teils auch erneut auf vorangegangene Prozesse zurückgreifen, um letztlich eine Veränderung für den Klienten zu erzielen (Miller und Rollnick 2015). Die Prozesse lauten: Beziehungsaufbau, Fokussierung, Evokation und Planung (siehe Abb. 5.1).

5.1 Beziehungsaufbau

Zu Beginn steht wie bei allen erwünscht heilsamen Behandlungen der Beziehungs-aufbau zwischen Behandler und Klient (Lambert und Barley 2001). Zum Aufbau der Beziehung ist eine Atmosphäre von Sicherheit und Vertrauen hilfreich, innerhalb

© Springer Fachmedien Wiesbaden GmbH, ein Teil von Springer Nature 2019
T. Weigl und J. Mikutta, *Motivierende Gesprächsführung*, essentials,
https://doi.org/10.1007/978-3-658-24481-1_5

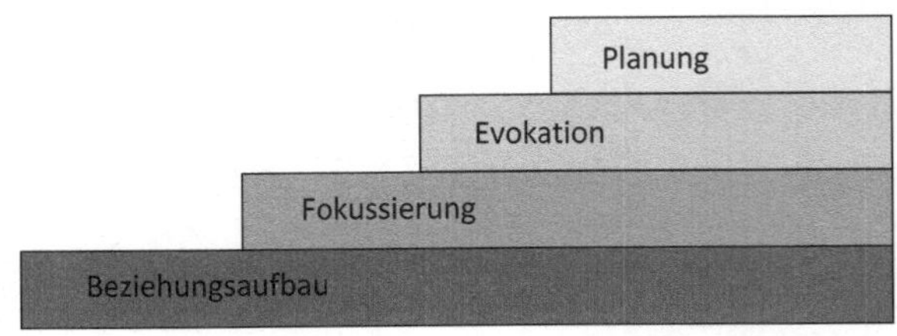

Abb. 5.1 Die 4 Phasen des MI – nach Miller und Rollnick (2015)

derer der Klient sich frei zu seinen Problemen und Schwierigkeiten äußern kann. Der Klient soll Gedanken, Emotionen, Werte und Ziele möglichst offen und damit umfangreich ins Gespräch bringen können, ohne dass Bedenken aufkommen bereits zum Gesprächsbeginn in eine „Schublade" eingeordnet zu werden.

Die Phase wird auch betitelt als „Engaging", was so viel bedeutet wie „sich intensiv mit jemandem auseinandersetzen und sich auf jemanden einlassen" (Miller und Rollnick 2015). Wir benötigen daher, und nicht nur zu Beginn des Kontakts, die vielbeschriebenen Basisvariablen eines guten Therapeuten – Empathie, Wertschätzung, Kongruenz (Rogers 1983). Dies kann den Prozess des Beziehungsaufbaus elementar ermöglichen.

Förderlich für den Aufbau eines wirksamen Arbeitsbündnisses im MI kann eine gemäß Carl Rogers „leichtgläubige Haltung" seitens des Behandlers sein (Rogers 1983). Der Behandler sollte sich somit als Entdecker verstehen und nicht bereits zu Beginn durch den Klienten geäußerte Informationen zu Modellvorstellungen oder Funktionsweisen der Psyche zuordnen. Vielmehr sollte er mit offenen Fragen und einem „Nachhaken" dem Klienten zeigen, dass er ihn mit seiner ganz persönlichen Erfahrungswelt verstehen möchte. Beispielsweise bedeutet dies auch mal zu fragen „Was genau meinen Sie, wenn Sie sagen, dass Sie stets müde sind?".

Zur Beurteilung der Güte der Arbeitsbeziehung sollte im besten Fall die Sicht des Klienten eingenommen werden. Nur weil ich als Behandler glaube alles richtig zu machen, muss es nicht immer so beim Klienten ankommen. Wie schätzt er also das therapeutische Bündnis ein? Dies lässt sich explizit beim Klienten erfragen. Darüber hinaus kann ich mir als Behandler folgende Fragen stellen, die die Gesprächsgestaltung leiten können:

- „Wie wohl fühlt sich mein Gegenüber im Gespräch mit mir?"
- „Glaube ich, dass ich die Situation, das Befinden und die Sichtweise meines Gegenübers gut genug verstehe?"
- „Fühlt sich der Gesprächsverlauf wie ein partnerschaftliches Miteinander an?"

Es lassen sich jedoch auch allgemein hinderliche Faktoren benennen, die diesen Prozess leicht bis erheblich erschweren können. Vor allem sei erneut auf die Bedingungen des Behandlungssettings hingewiesen (siehe Abschn. 3.1). Ganz allgemein lässt sich vereinfacht zusammenfassen, dass jegliche Gesprächsführung, die den Klienten in eine passive Haltung drängt oder dies suggeriert, den Prozess behindert. Zeigt sich der Behandler dominant, nimmt der Klient unter Umständen keine aktive Rolle ein. Das Einnehmen eines Expertenstatus des Behandlers könnte die Annahme auf Seiten des Klienten hervorrufen, dass er sich nur in die Hände des Behandlers zu begeben bräuchte. Die Erwartung der Rest komme schon von allein entsteht dann schnell („Der Experte weiß schon, was er tut!"). Es kann auch dazu kommen, dass der Behandler vorschnell dem (aus seiner Sicht bestehenden) Problem einen Namen gibt (z. B. bei Gesprächen über Alkoholkonsum von „Alkoholismus" zu sprechen) oder zu früh ein Veränderungsanliegen fokussiert, welches seitens des Behandlers besteht („ist ja zum Wohl des Klienten"). Dies ruft unter Umständen Reaktanz beim Klienten hervor. Gibt man dem Gesprächsverlauf mehr Zeit, benennt der Klient möglicherweise selbst sein „Alkoholproblem" oder formuliert einen Veränderungswunsch bezüglich dieses Problems. Zu früh darauf „festgelegt", ist es jedoch wahrscheinlich, dass sich der Klient nicht verstanden und fremdbestimmt fühlt. Dennoch ist für die Gesprächsgestaltung darauf zu achten, dass eine klare Richtung für das Gespräch seitens des Behandlers vorgegeben wird. Es soll kein „Plausch" über das Leben bleiben, sondern auf die 4 Prozesse des MI ausgerichtet sein. Ist der Behandler hier nachlässig, kann auch dies hinderlich sein.

Miller und Rollnick (2015) beschreiben diese und weitere hinderliche Faktoren als „Fallen" im Beziehungsaufbau (siehe Tab. 5.1). Die prägnanten Titel der Fallen kann sich der Behandler gut aneignen, um leichter ein mögliches Vorkommen dieser Fallen in der Gesprächsführung zu entdecken und entsprechend gegenzusteuern zu können.

Im Rahmen des Beziehungsaufbaus geht es im Weiteren darum die Ziele und die Wertvorstellungen des Klienten eingehend kennen zu lernen. Der Behandler kann dabei das Prinzip des „aktiven Zuhörens" (Gordon 1972) verfolgen. Aus einer empathischen Haltung heraus versucht er alle Botschaften des Klienten wahrzunehmen und ihm diese zu spiegeln, um Verständnis auszudrücken. Dabei sollte auf den Inhalt des Gesagten, wahrgenommene Emotionen im Ausdruck, Gesten und Mimik des Klienten geachtet werden. Der Behandler konzentriert sich dann zunächst nur auf die Wahrnehmung und einfühlsame Wiedergabe dieser Aspekte und noch nicht auf eine weitergehende Frage oder gar bereits einen Lösungsvorschlag. So bewirkt aktives Zuhören das Erleben verstanden zu werden wie auch die Förderung der Selbstreflexion des Klienten. Folglich wird er sich leichter zu seinen Problemthemen öffnen können.

Tab. 5.1 Auflistung der „Fallen" im Beziehungsaufbau nach Miller und Rollnick (2015, S. 60–66)

Falle	Beschreibung
Diagnose-Falle	Der Behandler konzentriert sich zu stark auf die diagnostische Einordnung und erfasst zu wenig Information über die Ambivalenz des Klienten
Experten-Falle	Der Behandler macht ungefragt Empfehlungen
Falle der vorschnellen Fokussierung	Der Behandler initiiert eine Problembearbeitung ohne ausreichenden Beziehungsaufbau oder gemeinsame Festlegung des zu fokussierenden Problems
Etikettierungs-Falle	Der Klient wird „etikettiert" mit einer Diagnose/Problembeschreibung (bspw. als „Alkoholiker")
Schuldzuweisungs-Falle	Das Gespräch beschäftigt sich mit der Frage nach der Schuld am Problem
Small-Talk-Falle	Das Gespräch wird ohne klare Richtung geführt

Und genau dies soll erzielt werden: Keine Zurückhaltung aufgrund von Befürchtungen sich missverstanden zu fühlen, abgewertet oder auch begrenzt zu werden. Dabei hilft es sehr auf den Klienten gemäß der OARS-Formel zuzugehen (siehe Kap. 4). Für viele Behandler klingt dies auf den ersten Blick einfach. Man ist bereits viele Jahre im Beruf tätig, hat auch einige Behandlungserfolge erzielt. Doch kann auch eine aus Expertentum und Lösungsorientierung abgeleitete Behandlungsstrategie den Klienten zurückstoßen, wenn man ihn nicht „abholt wo er steht", sprich dem Klienten im Beziehungsaufbau im Hinblick auf Autonomiegewährung und Wunsch nach Verstanden-Werden begegnet.

Das Gespräch soll dem Klienten ermöglichen den eigenen Zielen und Werten nahe zu kommen. Dabei ist es hilfreich, wenn der Klient weitgehend frei über sich selbst und Aspekte, die ihn in seiner Identität kennzeichnen, sprechen kann. Stellt der Klient Abweichungen von diesem Bild der Identität fest, wird er aufgrund des Bedürfnisses nach persönlicher Konsistenz versuchen diese Abweichungen zu reduzieren (Rogers 1983; Swann und Ely 1984). Leichter gesagt, möchte er sich wieder den Dingen nähern, die das eigene Selbstbild ausmachen. Jeder Mensch trägt somit automatisch eine Quelle für Veränderungsmotivation in sich, die nur wachgerufen werden möchte.

5.2 Fokussierung

Der nächste Prozess des MI, die Fokussierung, knüpft nun nahtlos am Beziehungs-aufbau an. Die Fokussierung stellt sicher, dass der gesamte Verlauf der Gespräche einer klaren Richtung folgt. MI beinhaltet eine „Führung" durch den Behandler, die, wie bereits beschrieben, nicht dominant, sondern orientierend und partner-schaftlich verläuft. Durch diese Führung wird erreicht, dass der Klient sich mit der Frage nach einer Veränderung überhaupt zielführend auseinandersetzen kann. Im Prozess der Fokussierung soll erzielt werden, dass eine klare Richtung ein-geschlagen wird, um folgend nicht zwischen verschiedenen Themen zu „springen". In fließendem Übergang zum Beziehungsaufbau werden somit die Problemthemen zusammengefasst betrachtet und mit dem Klienten ein oder mehrere Veränderungs-anliegen („target behavior") priorisiert (Arkowitz et al. 2017).

Die Fokussierung gestaltet sich nun wie folgt: Dem Behandler sollte aus dem Prozess des Beziehungsaufbaus deutlich geworden sein, welche Themen der Klient mitbringt. Ebenfalls können sich aus dem gegebenen Behandlungs-setting Anlässe für eine Fokussierung ergeben. So z. B. wenn jemand auf eigenen Wunsch eine Drogenberatung aufsucht. Darüber hinaus erkennt der Behandler mit seiner Fachexpertise oder aus der Diagnostik heraus möglicherweise zusätz-liche Themen zur Fokussierung. Es ergeben sich zumeist drei mögliche Verläufe bezüglich der Selektion des Fokus. Ist der Fokus von Beginn an eindeutig, kann es schnell gehen und es bedarf keiner weiteren Auseinandersetzung. Sind noch keine Themen für einen Fokus erkennbar, bedarf es weiterer Exploration. Sind sogar mehrere Möglichkeiten für einen Fokus vorhanden, ist vorerst eine Auswahl bestimmter Themen nötig.

Alle relevanten Themen sollten daher „auf den Tisch" kommen, um daraus eine Agenda zu erstellen. Daraus lassen sich nicht immer direkt Veränderungs-ziele ableiten und es sind erst mal nur Hoffnungen, Ängste und Erwartungen des Klienten benannt. Daher empfiehlt sich das Agenda Mapping (Miller und Rollnick 2015), welches eine Methode darstellt, um die Auswahl eines Fokus zu erleichtern. Dabei geht man wie folgt vor: Zunächst werden gemeinsam alle relevanten Themen aufgelistet. Um sich einen guten Überblick zu verschaffen, empfiehlt sich eine grafische Darstellung auf einem Blatt Papier (siehe Abb. 5.2). Ähnlich einer Mindmap können zunächst alle Themen darauf platziert werden. Im nächsten Schritt kann man die einzelnen Themen nacheinander betrachten, um zunächst Einschätzungen zu den Prioritäten der Themen kennen zu lernen. Anschließend erfolgt die Auswahl eines Fokus und final sollte das Einverständ-nis des Klienten zur Auswahl erneut erfragt werden. Eine spätere Rückkehr zum Agenda Mapping ist dabei jederzeit möglich.

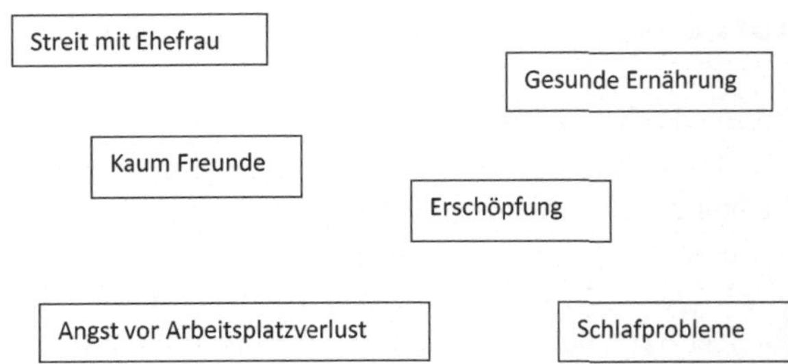

Abb. 5.2 Beispiel für grafische Darstellung von Agenda Mapping nach Miller und Rollnick (2015, S. 136)

Zentral ist dabei die Wichtigkeit, die der Klient den Anliegen zuschreibt. Es mag vielleicht ein Anliegen ausgewählt werden, welches aus Sicht des Behandlers nicht Vorrang haben sollte. Der Behandler kann zwar an dieser Stelle anbieten seine Sichtweise einbringen zu dürfen, doch sollte wiederholt die persönliche Wahlfreiheit des Klienten betont werden. Priorisiert wird somit das Anliegen, welches der Klient auswählt. Bei positiver Veränderungseinleitung kann anschließend ein weiteres Anliegen fokussiert werden.

5.3   Evokation

Nun folgt der wesentliche Prozess des MI, innerhalb dessen durch verschiedene Techniken die Eigenmotivation des Klienten zur Veränderung wachgerufen und herausgearbeitet wird, die „Evokation" (Miller und Rollnick 2015).

Hauptziel dieses Prozesses ist die Ambivalenz des Klienten aufzulösen und die Veränderungsbereitschaft zu stärken. Dabei sollte ein individualisiertes Vorgehen verfolgt werden, das auf dem Ausmaß der nötigen Evokation beruht. Denn Klienten befinden sich zu Beginn der Gespräche an unterschiedlichen Ausgangspunkten. Manche Klienten sind bereits innerlich überzeugt von einer nötigen Veränderung, trauen sich diese aber möglicherweise aufgrund mangelnder Zuversicht in die eigenen Fähigkeiten nicht zu. Andere wiederum stehen der Veränderung äußerst ambivalent gegenüber, da auch die Gründe sich nicht zu verändern besonders stark sein können.

Daher ist das Vorgehen stets an den Klienten bzw. dessen Ausgangspunkt anzupassen und erfordert daher mehr oder weniger Arbeit an der Ambivalenz und die folgende Stärkung der Änderungszuversicht.

Um den Ausgangspunkt des Klienten möglichst umfassend zu verstehen, sollte zunächst eine ausführliche Ergründung der Ambivalenz des Klienten erfolgen. Dabei gilt es den Klienten, wie bereits zum Beziehungsaufbau (siehe Abschn. 5.1) beschrieben, offen und wertfrei zur Kommunikation über seine Beweg- und auch Hinderungsgründe zu animieren. Der Behandler versucht dabei ein gutes Verständnis der Sicht des Klienten und seiner Wahrnehmung der Dinge, zu gewinnen. Dabei können sich, vereinfacht zusammengefasst, vier verschiedene Konflikte zeigen (siehe Tab. 5.2).

Häufig bestehen in realen Lebenssituationen multiple Annäherungs-Vermeidungs-Konflikte. Daraus ergibt sich die Notwendigkeit, dass sich Menschen mit ihrer Situation „arrangieren", um handlungsfähig zu bleiben und nicht in einer fortwährenden Schleife eines Entscheidungsversuchs zu stecken. Kognitive Dissonanzreduktion (Festinger 1954) dient dann dem Zweck nicht permanent die mit einer offenen Entscheidung einhergehende aversive Anspannung erleben zu müssen. Daher werden Aspekte, die den gegenwärtigen Zustand kritisch beleuchten (bspw. „Rauchen schadet meiner Gesundheit!") in ihrer Gewichtung abgewertet. Im Prozess der Evokation sollen daher positive Aspekte einer Veränderung wieder stärker betont werden.

Tab. 5.2 Darstellung potenziell auftretender Konflikte (Lewin 1968)

Annäherungs-Annäherungs-Konflikt	Annäherungs-Vermeidungs-Konflikt
Zwei gleichsam wünschenswerte Ziele liegen vor, deren Erreichung sich gegenseitig ausschließt. Die Entscheidung für eine Sache führt zum Verzicht der anderen Sache. Beispiel: Einer Arbeitnehmerin steht eine Beförderung bevor, gleichzeitig bekommt sie ein gutes Angebot von der Konkurrenz	Ein Ziel beinhaltet sowohl einen attraktiven als auch gleichsam aversiven Aspekt. Die Entscheidung für ein Ziel hat also auch negative Effekte. Beispiel: Schokolade schmeckt gut, macht aber dick
Vermeidungs-Vermeidungs-Konflikt Zwei gleichsam unerwünschte Alternativen liegen vor. Es geht um die Wahl des kleineren Übels. Beispiel: Gehe ich zum Zahnarzt oder ertrage ich lieber die Schmerzen?	**Doppelter Annäherungs-Vermeidungs-Konflikt** Es bestehen zwei Ziele, die jeweils zum Teil attraktiv und zum Teil aversiv sind. Es liegt also ein Gemisch aus Vor- und Nachteilen vor. Beispiel: Jemand möchte sich in Abendkursen beruflich weiterbilden, aber zur Gesundheitsförderung auch Fitness-kurse weiterhin besuchen. Beides kann anstrengend sein, fördert aber langfristige Ziele. Zeitlich lässt sich jedoch nicht beides vereinbaren

Der Klient sollte nun nicht durch den Behandler mit den Diskrepanzen solcher Veränderungskonflikte direkt konfrontiert werden oder einfacher noch eine Aufzählung der positiven Aspekte durch den Behandler erhalten. Es ist zwar häufig so, dass Behandler als Experten ihres Faches dem Klienten gerne Ratschläge geben, um eine gesunde Lebensführung oder einen hilfreichen Umgang mit Erkrankungen zu fördern. Denn als Experte fallen kritische Verhaltensweisen schnell ins Auge. Warum also nicht dem Klienten dabei aufzeigen weshalb er sich ändern sollte? Auch weiß der Experte diese Ratschläge gut zu begründen, kann Wirksamkeit und Gründe vermitteln und Auswirkungen gut abschätzen. Jedoch werden solche Hinweise und Empfehlungen oftmals durch den Klienten nicht angehört. Eher „springt" die kognitive Dissonanzreduktion an und der Klient betont Gegenargumente zur Beibehaltung des Status quo. Versucht der Behandler nun durch Argumente für diese Empfehlungen den Klienten zu einer Änderung zu überzeugen, kommt es schnell zum Stocken oder Abbruch des Gesprächs. Dieses Verhalten des Behandlers bezeichnen Miller und Rollnick (2015) als den righting reflex (Rechthabereflex).

Denn es geht nicht darum, dem Klienten irgendwelche Gründe für eine Veränderung aufzuzwingen, seien diese Gründe auch mit Expertise belegt. Vielmehr sollte erreicht werden, dass der Klient sich mit seiner inneren Ambivalenz auseinandersetzt. Es geht darum, die Gründe für eine Veränderung, die der Klient selbst schätzt, offen zu legen. In der Annahme, dass der Klient bezüglich des Veränderungsanliegens durch kognitive Dissonanzreduktion die Gründe für eine Veränderung fortlaufend in den Hintergrund stellt, ist es wichtig, diese zunächst wieder zu „entstauben" (Festinger 1954). Dem Klient soll somit die eigene Wichtigkeit dieser Gründe wieder bewusst werden. Er soll selbst die Position der Argumentation in Richtung Veränderung einnehmen. Letztlich führt er sich somit selbstbestimmt hin zu dem Wunsch und der Entscheidung nun eine Veränderung einzuleiten.

Im Gespräch mit dem Klienten geht es also darum ihn in Bezug auf bestehende Ambivalenzen selbst zu Wort kommen zu lassen. Betont der Behandler die Pro-Argumente für eine Veränderung, wird der Klient dazu neigen Kontra-Argumente zu erwidern. Im MI möchten wir hingegen erreichen, dass der Klient selbst möglichst viele Argumente für eine Veränderung ausspricht.

Change Talk
Um dies zu unterstützen sollte der Therapeut im Gesprächsverlauf auf den sogenannten change talk vonseiten des Klienten achten, welcher wie folgt beschrieben ist: „change talk is any self expressed language that is an argument for change" (Miller und Rollnick 2012, S. 159).

Change talk besteht also, wenn der Klient Aussagen macht, die sich für das Anstreben einer Veränderung aussprechen. Dazu gehören Aussagen, die einen

Wunsch zur Veränderung wie „Ich möchte mehr Sport treiben.", Gründe für eine Veränderung wie „Vielleicht sinkt dann auch mein Blutdruck." oder Aussagen über die Notwendigkeit einer Veränderung wie „Ich denke, ich muss jetzt etwas ändern." zum Inhalt haben. Change Talk steckt ebenfalls in Aussagen, welche die eigene Fähigkeit zur Veränderung betonen, auch wenn noch Ambivalenz ausgedrückt wird. So äußert sich jemand z. B. mit dem Satz „Ich habe früher regelmäßig trainiert und könnte das wohl wieder schaffen."

Miller und Rollnick (2015) fassen dies zum DARN-Prinzip zusammen. Dieses Prinzip beinhaltet die Aspekte „Desire, Ability, Reason oder Need" (Wunsch, Fähigkeit, Gründe und Bedürfnis/Notwendigkeit). Miller und Rollnick verstehen dies als vorbereitenden Change Talk in Abgrenzung zu mobilisierendem Change Talk (Miller und Rollnick 2015). Der vorbereitende Change Talk beinhaltet trotz der Äußerung von Dringlichkeit oder Wunsch noch nicht, dass jemand auch diese Veränderung vollziehen wird. Im mobilisierenden Change Talk stecken hingegen Aussagen die eine Selbstverpflichtung oder eine Handlungstendenz ausdrücken wie z. B. „Ich werde wieder regelmäßig joggen gehen." oder „Dafür bin ich bereit auch früher aufzustehen." Noch deutlicher wird eine Mobilisierung durch Aussagen, die bereits erste unternommene Schritte berichten, wenn bspw. jemand erzählt „Gestern habe ich meine Sportschuhe wieder aus der Kiste geholt". Auch hierfür besteht ein Merkhinweis im Englischen, welcher diese Aspekte mit dem Kürzel CAT für „Commitment, Activation und Taking Steps" (Selbstverpflichtung, Aktivierung, Umsetzen erster Schritte) zusammenfasst (Miller und Rollnick 2015) (siehe Tab. 5.3).

Tab. 5.3 Merkhinweise zum Change Talk – DARN und CAT

DARN-Prinzip – vorbereitender Change Talk	
Desire	Wunsch
Ability	Fähigkeit
Reason	Gründe
Need	Bedürfnis/Notwendigkeit
CAT-Prinzip – mobilisierender Change Talk	
Commitment	Selbstverpflichtung
Activation	Aktivierung
Taking Steps	Umsetzen erster Schritte

Als Behandler Change Talk zu evozieren schaffen wir, indem wir Bezug nehmend auf das DARN-Prinzip offene Fragen stellen. Wir möchten anregen, dass sich der Klient mit seinen Wünschen und Motiven im Dialog auseinandersetzt. Beispielhaft seien folgende offene Fragen zur Evokation von Change Talk genannt:

„Welche Wünsche haben Sie für ihren beruflichen Weg?"
„Was erhoffen Sie sich als Ergebnis unserer gemeinsamen Gespräche?"
„Welche Veränderung wünschen Sie sich für die beschriebene Situation?"
„Kennen Sie Gründe, die dafür sprechen, dass Sie Ihre Ernährung umstellen?"

Gelingt es im Gesprächsverlauf Change Talk hervorzurufen, kann jedoch auch deutlich werden, dass der Klient trotz Bewusstheit über die Veränderungsabsichten keine Zuversicht in die Veränderbarkeit verspürt. So mag der Klient die erwünschte Veränderung für grundsätzlich nicht möglich oder für zu schwierig halten. Durch zwei einfache Skalen lässt sich erfassen, wie es um die Ausprägung eines Veränderungswunsches und der Zuversicht, dass diese Änderung erzielt werden kann, steht. Der Klient soll dabei seine Einschätzung jeweils auf einer Skala von 0–10 zu den beiden Fragen angeben, die in Abb. 5.3 dargestellt sind. Diese visuelle Veranschaulichung kann anschließend im Gespräch aufgegriffen werden.

Es gilt folglich, die Zuversicht zu steigern, dass der Klient aus eigener Kraft (aber gerne mit Unterstützung) die Veränderung herbeiführen kann. Verallgemeinert geht es um eine Förderung der Selbstwirksamkeitsüberzeugung des Klienten (Bandura 1977). Im MI kann dies erzielt werden, indem der sogenannte

Beurteilung der Wichtigkeit:

Wie dringend/wichtig ist es Ihnen, etwas daran zu verändern?

Beurteilung der Änderungszuversicht:

Wie zuversichtlich sind Sie, dass Ihnen die Änderung gelingt?

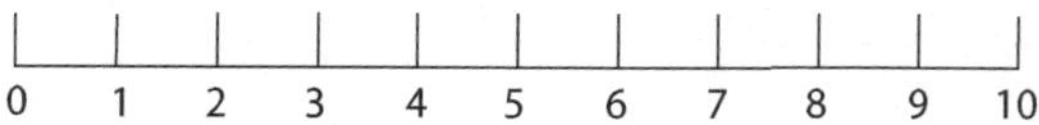

Abb. 5.3 Skalen zur Beurteilung der Wichtigkeit der Änderung sowie der Änderungszuversicht

Confidence Talk forciert wird (Miller und Rollnick 2015). Confidence Talk besteht immer dann, wenn ein Klient Äußerungen macht, die erkennen lassen, dass er Zuversicht in die Umsetzbarkeit und das Erreichen einer Änderung gewinnt.

Die eben erwähnte Skala zur Beurteilung der Änderungszuversicht (siehe Abb. 5.3) kann ebenfalls genutzt werden, um Confidence Talk einzuleiten. Durch Bezugnahme auf die vom Klienten benannte Einschätzung mit offenen Fragen, kann der Klient angeregt werden, seine Ressourcen zu ergründen oder neue Perspektiven der Problemlösung in den Blick zu nehmen. Beispielsweise kann der Klient wie folgt oder ähnlich gefragt werden:

„Was müsste geschehen, damit Ihre Einschätzung von der 3 auf eine 6 steigt?"
„Weshalb sehen Sie sich bei einer 2 und nicht bei einer 0?"
„Wie könnte ich dabei helfen von einer 2 auf eine 5 zu kommen?"

Um die Zuversicht des Klienten weiter zu stärken kann das Gespräch dahin gelenkt werden, dass der Klient weitere seiner Stärken identifizieren kann oder bereits früher stattgefundene Erfolge mit einbezieht. Sollten Misserfolge berichtet oder generelle Aussagen von Erwartungen des Scheiterns geäußert werden kann der Behandler durch ein Reframing darauf reagieren. Der Behandler bietet dabei dem Klienten eine Neuinterpretation der Aussage des Klienten an, indem diese in einen anderen Kontext eingeordnet oder eine andere Sichtweise darauf eingenommen wird. Äußert der Klient beispielsweise, dass sein letzter Änderungsversuch „ein Fehlschlag" war, könnte man die Sichtweise darauf erweitern und eine Einordnung machen, dass „für den zweiten Versuch bereits die Hürden bekannt sind".

Manche Klienten haben kaum eine Idee, wie überhaupt die in den Blick genommene Veränderung zustande kommen könnte. Hier ist es hilfreich, dem Klienten ein Brainstorming anzubieten, aus dem heraus Optionen in den Blick genommen werden können, die dem Klienten aufzeigen, dass durchaus Wege bestehen. Erfolgversprechend zur Steigerung der Änderungszuversicht ist auch den Klienten seine eigene Zukunft nach erfolgreicher Veränderung imaginieren zu lassen. Je ausführlicher und präziser der Klient die erhofften und in der Zukunftsbetrachtung bereits erfolgten positiven Auswirkungen beschreiben und sich „hineinfühlen" kann, desto stärker kann sich dies auf die Änderungszuversicht und -absicht auswirken.

Sustain Talk
Im Kontrast zum Change Talk kann auch der sogenannte Sustain Talk Eingang ins Gespräch finden (Miller und Rollnick 2015). Dieser ist gekennzeichnet durch Aussagen des Klienten, die sich zugunsten der Beibehaltung des Status quo aussprechen. Auch aus dieser Sicht hat der Klient Wünsche und Gründe, welche gegen

eine Veränderung sprechen. Der Behandler sollte nicht die Initiative ergreifen dem Klienten diese Wünsche und Gründe auszureden. Vielmehr sollte das Gespräch so gelenkt werden, dass der Klient viel Change Talk äußert und somit selbst mehr und mehr über eine Veränderungsabsicht spricht. Zudem sollte man weiteren Sustain Talk auch nicht provozieren. Das würde die Ambivalenz wieder in Richtung der Nicht-Veränderung verschieben. Auf Sustain Talk kann der Behandler hingegen reagieren, indem er Reflexionen einsetzt, Reframing nutzt und die persönliche Autonomie des Klienten betont. Weiterhin ist es auch möglich die Perspektive des Klienten einzunehmen, um mit ihm gemeinsam aus dieser Richtung auf die meist schwierige Veränderung zu schauen.

Je nachdem, welche Art des „Talk" das Gespräch fokussiert, wird sich eine entsprechende Entwicklung hin zu „Change" (Veränderung) oder zu „Sustain" (Beibehaltung) ergeben. Es ist zu erwarten, dass sowohl change talk als auch sustain talk im Gesprächsverlauf auftauchen und sich in der Regel oft ein „Hin und Her" ergibt, welches wiederum nur Ausdruck der inneren Ambivalenz und damit vollkommen natürlich ist. Um sich nun aber nicht in einem Kreislauf des „Hin und Her" zu bewegen, ist es wichtig eine klare Richtung einzunehmen. Genau dies soll durch die Gesprächsführung erzielt werden.

Discord

Es ist kaum davon auszugehen, dass Gespräche über Veränderungen mit Klienten ohne Reibung verlaufen. Dies ist auch unter Anwendung von MI nicht zu vermeiden, sondern eher als naturgegeben zu sehen. Oft taucht zur Beschreibung dieser Schwierigkeiten der Begriff Widerstand auf, wenn der Gesprächsverlauf vorübergehend nicht mehr Richtung Veränderung steuert. Sei es, dass der Klient nicht den Vorschlägen des Behandlers folgt, stets gute Argumente gegen eine Veränderung findet, sich abwartend zurücklehnt oder Desinteresse am Gespräch zeigt. Dieser vermeintliche Widerstand lässt sich besser bezeichnen mit dem Begriff discord (Dissonanz), welche als Phänomen zwischen Behandler und Klient zu verstehen ist und nicht ausschließlich einem „widerständigen" Klienten zugeschrieben werden kann. (Miller und Rollnick 2015). Es zeigt sich im Auftreten von Unstimmigkeiten im Gesprächsverlauf, wenn Klient und Behandler unterschiedliche Ansichten haben, aneinander vorbeireden oder Schwierigkeiten im Beziehungsaufbau auftreten. In analoger Betrachtung dazu, werden in der Musik darunter Töne verstanden, die miteinander nicht harmonisieren, wenn sie gleichzeitig gespielt werden. Es entsteht Disharmonie, jeder Ton für sich ist aber nicht „falsch".

Discord ist somit wahrzunehmen als unterschiedliche Interessen von Behandler und Klient am Gesprächsverlauf und steht damit im Unterschied zur kognitiven Dissonanz, die ein zentraler Teil der inneren Ambivalenz des Klienten ist. Entscheidend ist, dass hierfür weder eine Schuld beim Klient noch beim Behandler zu suchen ist, sondern es sich um ein rein interaktionelles Phänomen handelt. Der Behandler sollte dieses Phänomen beachten, um den Gesprächsverlauf positiv gestalten zu können.

Discord kann sich im Sprachausdruck darin zeigen, dass der Klient in Verteidigung geht und Rechtfertigungen anbringt, Problemverhalten bagatellisiert oder auch Schuldzuweisungen für Probleme vornimmt (bspw. „Würde mein Chef mich nicht die ganze Zeit deswegen auf die Palme bringen, hätte ich kein Problem."). Etwas weniger auffallend ist, wenn der Klient den Behandler unterbricht (bspw. „Hören Sie mir erstmal zu.") oder sich von dem Gespräch distanziert, da er unkonzentriert wirkt, aus dem Fenster schaut oder vom Thema abschweift. Manchmal zeigt sich discord auch in offener Opposition durch den Klienten. Dann fallen Aussagen wie „Sie stehen doch auf der Seite meiner Frau statt mich zu verstehen!".

Wichtig ist, in diesen Momenten das Vorankommen nicht zu forcieren durch Hervorbringen von Pro-Argumenten oder Anbieten von Lösungen. Schon gar nicht sollte man in einen Kampf gegen auftretenden discord oder den Klienten treten. Dies würde schlichtweg beim Klienten weitere Reaktanz auslösen und der discord würde sich vergrößern (Rosenberg und Siegel 2017).

Aufgabe des Behandlers ist somit, aufmerksam auf Anzeichen von discord zu achten und behutsam den Klienten in der Auseinandersetzung mit sich selbst zu begleiten. Dazu empfiehlt sich erneut der Rückgriff auf die OARS-Strategien (siehe Kap. 4).

5.4 Planung

Ist der Gesprächsverlauf so weit vorangeschritten, dass der Klient eine gestärkte Änderungsmotivation hat, also eindeutig seine Änderungsbereitschaft ausdrückt und sich auch zuversichtlich gegenüber der bevorstehenden Veränderung zeigt, steht nun eine konkrete Vorbereitung eines persönlich verbindlichen Änderungsplans an. Die Aufgabe des Therapeuten besteht darin, den Klienten in seiner Selbstverpflichtung zur Veränderung zu stärken und einen entsprechenden Plan mit ihm umzusetzen.

Zu beachten ist allerdings auch, dass eine Entscheidung zu einer Veränderung kein plötzlicher und auch kein endgültiger Schritt ist. Es ist durchaus möglich, dass nach getroffener Entscheidung das Veränderungsanliegen erneut „über Bord geworfen" wird. Dies begründet sich darin, dass trotz der Bewusstheit über Pro und Contra die Ambivalenz an sich nicht aufgehoben ist. Emotionale Valenz besteht verständlicherweise weiterhin für beide Richtungen. Zwar ist dem Klienten klar geworden, was ihm derzeit für seine Zukunft wichtiger erscheint, es bedarf dennoch einer kontinuierlichen Bestärkung der Entscheidung und Förderung der Selbstverpflichtung zur Veränderung.

Woran erkenne ich folglich als Behandler, dass eine ausreichende Änderungsbereitschaft und Zuversicht vorliegt? Einfach lässt sich dies direkt erfragen als subjektive Einschätzung des Klienten mittels den bereits erwähnten Skalen (Abb. 5.3). Etwas schwieriger ist es, die Änderungsbereitschaft im Gesprächsverlauf zu verfolgen. Hier gilt es aufmerksam auf das Vorkommen von Change Talk und Confidence Talk zu achten. Je häufiger diese Ausdrucksweisen des Klienten verwendet werden, desto wahrscheinlicher ist eine Veränderungsabsicht.

Beispiele für solche Aussagen könnten lauten:

„Ich würde mich gerne fitter und erholter fühlen. Vielleicht bin ich dann auch glücklicher." (Change Talk: Wunsch)

„Es ist mir sehr wichtig, nicht ständig so gestresst zu sein. Ich kann auch besser auf mich achten und muss es nur wieder tun." (Change Talk: Notwendigkeit und Fähigkeit)

„Es täte wirklich gut, wenn ich wieder weniger Rückenschmerzen hätte. Vielleicht mache ich wieder öfter kräftigende Übungen am Abend." (Change Talk: Wunsch und Aktivierung)

„Noch habe ich es nicht ausprobiert. Aber wenn ich mir das vornehme, klappt das bestimmt." (Confidence Talk)

„Meine Familie wird mich unterstützen. Außerdem bin ich gut vorbereitet." (Confidence Talk)

Weiterhin sollte auf Äußerungen des Klienten geachtet werden, die eine Selbstverpflichtung zur Veränderung beinhalten. Dies wird als Commitment Talk bezeichnet (Miller und Rollnick 2015). Es kann davon ausgegangen werden, dass der Klient nun ausreichend änderungsbereit ist, um eine konkrete Planung zu vollziehen.

Bei der Aufstellung eines Veränderungsplans ist dringend darauf zu achten, dass dieser nicht vom Behandler vorgegeben oder gar „verordnet" wird. Dies entspräche nicht der Grundhaltung des MI. Der Klient soll auch in diesem Prozess eigenverantwortlich und mit Entscheidungsfreiheit einen Veränderungsplan aufstellen können. Konkreter bedeutet dies, dass der Klient sich entscheidet für das wann, wie und wo der einzelnen Verhaltensschritte.

Um den groben Ablauf des Planungsprozesses zu beschreiben, lässt sich folgende Abfolge beachten:

1. Schritt: Das bisherige Gespräch wird zusammengefasst und dabei werden möglichst viele Pro-Gründe wiederholt. Tauchen währenddessen Anzeichen von Ambivalenz beim Klienten auf, muss dies beachtet werden und ggfs. erneut in den Prozess der Evokation gebracht werden. Schließlich erfolgt eine erneute Zusammenfassung mit anschließender Rückversicherung bezüglich der Richtigkeit beim Klienten.

2. Schritt: Dem Klienten kann nun eine Schlüsselfrage gestellt werden: „Nachdem wir noch einmal alles betrachtet haben und Sie möchten, dass es so nicht mehr weitergeht, was ist der nächste Schritt für Sie?"
3. Schritt: Anschließend werden mit dem Klienten die Ziele möglichst präzise formuliert und sollten ebenfalls im Hinblick auf Wichtigkeit und Dringlichkeit hierarchisiert werden.
4. Schritt: Diese Ziele werden nun operationalisiert und ein Veränderungsplan aufgestellt.

In der gemeinsamen Bestimmung von Zielen kann es nützlich sein sich an Tools zur Zielbestimmung zu orientieren. Beispielsweise sei hier das sogenannte „SMART"-Prinzip aufgeführt (Doran 1981). Klient und Behandler beurteilen die ins Auge gefassten Ziele somit nach diesen Kriterien, um eine anschließende Operationalisierung der Ziele effizient vollziehen zu können (siehe Tab. 5.4).

Um herauszufinden, wie die Ziele konkret verfolgt und umgesetzt werden können, kann der Behandler den Klienten zunächst animieren seine eigenen Vorstellungen über mögliche Wege der Veränderung zu äußern. Nur bei Bedarf sollten durch den Behandler weitere Handlungsmöglichkeiten aufgezeigt werden. Denn in der Ausarbeitung eines konkreten Veränderungsplans kann es dazu kommen, dass der Klient nicht weiß, was er tun muss, um die Veränderung zu erreichen. Nach Einholen einer Erlaubnis kann der Therapeut dann Information und Hinweise liefern, die zu einer zielführenden Veränderung beitragen. Dabei sollten mehrere Alternativen aufgezeigt werden, sodass stets Wahlmöglichkeiten für den Klienten bestehen. Die dabei entstehende Eigenverantwortung in der Verwertung der Informationen und der Auswahl der Veränderungsmöglichkeiten stärkt wiederum die Selbstverpflichtung weiter.

Tab. 5.4 Darstellung des SMART-Prinzips

Spezifisch	Das Ziel soll nicht allgemein gehalten, sondern möglichst konkret formuliert sein, z. B. „Ich möchte 20 kg Körpergewicht verlieren."
Messbar	Das Ziel soll im Hinblick auf Quantität wie Qualität messbar und damit objektivierbar sein, z. B. Körpergewicht, Bauchumfang, Zufriedenheitsskala zum Körperbild, …
Attraktiv	Das Ziel soll für den Klienten lohnenswert sein
Realistisch	Das Ziel soll unter den vorhandenen Bedingungen erreichbar sein
Terminierbar	Die Zielerreichung soll fixiert werden können auf einen Zeitraum oder eine Abfolge

Es ist hilfreich sich als Behandler zu fragen, ob man den Veränderungsplan mit dem Klienten gemeinsam entwickelt oder ihm vorgegeben hat. Der Behandler ist daher gefordert stets darauf zu achten, dass Empfehlungen für ein Vorgehen nur nach Einwilligung des Klienten ins Gespräch eingebracht werden. Werden dem Klienten ungefragt Lösungswege vorgeschlagen, entmündigt man ihn und gibt das Signal, er könne passiv bleiben und auf die Veränderung warten.

Die Selbstverpflichtung kann ebenfalls erhöht werden durch Äußerung der Veränderungsabsicht gegenüber den sozialen Kontakten des Klienten. Der Klient kann also je nach Anliegen Partner, Familie, Freunde oder Kollegen über sein Anliegen informieren. So erlebt sich der Klient verpflichtet diese öffentlich geäußerte Selbstaussage („Ich werde mich ändern!") umzusetzen, um innere Konsistenz zu bewahren („Ich bin ein Mensch, der sich ändern kann!") (Cialdini und Goldstein 2004). Ebenfalls kann aus der Aktivierung des sozialen Umfelds weitere Unterstützung entstehen, da dieser Personenkreis den Klienten in der Umsetzung der Veränderung bestärken oder auch erneut auf seine Ziele hinweisen kann („Wolltest du nicht mit dem Rauchen aufhören?" oder „Wir können ja zusammen laufen gehen.").

Schließlich sollte im Verlauf die Zielerreichung fortlaufend beobachtet und evaluiert werden. Hierzu können regelmäßige Beurteilungen des Fortschritts der Zielerreichung im Sinne einer Zielannäherungsskalierung (Goal Attainment Scaling) verwendet werden (Kiresuk und Sherman 1968). Wichtig ist insbesondere den Klienten in der Evaluation und ggfs. Anpassung des Vorgehens zu begleiten. Sollten bestimmte Ziele durch die ursprünglich in Betracht gezogenen und angewandten Schritte nicht erreicht worden sein, können neue Optionen eruiert und der Veränderungsplan angepasst werden. Hierzu eignet sich der Einsatz von Techniken aus der Selbstmanagement-Therapie (Kanfer et al. 2006).

Zu guter Letzt kann mit dem Klienten eine Katamnese vereinbart werden, sodass gemeinsam auch die langfristige Beibehaltung der Veränderungsziele beobachtet wird. Außerdem eröffnet dies dem Behandler die Möglichkeit, ein Feedback zu der gemeinsamen Arbeit mit dem Klienten zu erhalten und so durch erfolgreiche Veränderung mit einem Klienten als Behandler selbst motiviert zu sein mit dem nächsten Klienten wieder in das MI einzusteigen.

Anwendungsbereiche

6

Insbesondere in der Suchtbehandlung hat MI unter anderem wegen der deutlichen wissenschaftlichen Evidenz weltweit einen besonderen Stellenwert erlangt (Körkel 2012; Westra et al. 2011). Der Einsatz von MI ist jedoch in weitaus mehr Feldern möglich. Menschen können mit verschiedensten Problemthemen auftreten für die sie entweder selbst aktiv Unterstützung bei Veränderung suchen oder erkennbar wird, dass aus Fürsorge um die Gesundheit dieser Menschen eine Veränderung wünschenswert wäre. Dies umfasst nicht nur die Sucht nach bspw. Alkohol oder Zigaretten. Ebenso erfordern psychische Erkrankungen wie Angststörungen, aber auch somatische Erkrankungen wie Asthma oder HIV eine besondere Mitwirkung zur Genesung seitens des Betroffenen. Dies kann eine regelmäßige Einnahme von Medikamenten, Führen von Protokollen, Einhalten von Ernährungsplänen oder auch Verzicht erfordern (Catley et al. 2016; Dillard et al. 2017; Gesinde und Harry 2018; Heather et al. 1996; Marker und Norton 2018). Aber selbst wenn es „noch nicht so weit ist" und noch keine Erkrankung vorliegt, sondern es um Förderung von präventivem, gesundheitsförderlichem Verhalten geht, kann es den Behandler besonders fordern den Klienten zu anhaltenden präventiven Änderungen zu bewegen. Denn hier liegt eben noch keine für den Klienten erlebte Dringlichkeit vor. Er soll sich ja „bloß" um mehr Bewegung, bessere Dentalhygiene oder gesunde Ernährung kümmern. Sogar für diese einfach scheinenden Veränderungen eignet sich MI ebenso gut. Ein simples „Achten Sie auf Ihre Ernährung." oder „Versuchen Sie regelmäßig Sport zu machen." genügt dann nicht aus.

Insbesondere können mit der Gesprächsführung des MI problematische Verhaltensweisen adressiert werden, die dem Ausübenden gar nicht bewusst sind oder aus dessen Sicht keiner Veränderung bedürfen. Dazu können delinquente Handlungen, Alkohol am Steuer oder Gewaltverhalten, aber auch sexuell riskantes Verhalten (im Hinblick auf Schutz vor übertragbaren Geschlechtskrankheiten)

© Springer Fachmedien Wiesbaden GmbH, ein Teil von Springer Nature 2019   33
T. Weigl und J. Mikutta, *Motivierende Gesprächsführung*, essentials,
https://doi.org/10.1007/978-3-658-24481-1_6

gehören. Dies sind Themen, die meist im Vorfeld von Außenstehenden (z. B. Angehörigen) an den Klienten herangetragen werden. Dieser und vergleichbare Kontexte erfordern daher einen Ansatz, der auf der Grundlage einer stabilen Arbeitsbeziehung eine Änderungsmotivation hervorrufen möchte.

Leider haben Behandler nicht immer „alle Zeit der Welt". Es muss mal schnell gehen, man möchte einfach etwas mit auf den Weg geben oder mit gutem Willen den Klienten von seinem Problem befreien. Dies ist zwar nachvollziehbar, behindert jedoch mitunter die Anwendung der Prozesse des MI. Es mag sinnvoller sein, sich zu fragen, ob es nicht Möglichkeiten gibt, für diese Fälle mehr Zeit einzuplanen, um durch den Aufbau einer gestärkten Motivationslage letztlich auch nachhaltig für den Klienten die Veränderung erzielen zu können.

Jedoch selbst wenn dies in der Absicht des Behandlers liegt, können die unterschiedlichen Rahmenbedingungen des Settings in dem es zum Kontakt kommt, das Wie der Anwendung von MI bestimmen. So können Erfordernisse durch das Setting bestehen, die vordringlich beachtet werden müssen (siehe Abschn. 3.1).

Verbesserung der eigenen Gesprächsfertigkeiten

7

Das in diesem Buch oder anderen Büchern dargestellte Wissen ist eine notwendige Voraussetzung um einen ersten theoretisch orientierten Überblick über das Konzept des MI zu erlangen. Letztendlich handelt es sich jedoch beim MI um ein handlungsorientiertes Konzept. Entsprechend ist die Anwendung und ständige Übung unabdingbar, stellt jedoch Lernende mitunter vor große Herausforderungen. Miller und Rollnick (2009) bestätigen zwar die Schlichtheit des Konzepts, weisen aber darauf hin, dass MI keinesfalls einfach zu erlernen sei. Auch andere Autoren verweisen auf die Komplexität des Verfahrens bei der Anwendung (Simpson 2002). Im Folgenden sollen daher Anregungen gegeben werden, die einen möglichst fehlerfreien Aufbau sowie stetige Verbesserung der eigenen Fertigkeiten im MI ermöglichen sollen.

Empfehlungen zur Aneignung schlagen folgende Aspekte hinsichtlich der Lernmethodik vor (Hartzler et al. 2007; Rosengren 2015): Das Lesen geeigneter Literatur sowie das Ansehen von Videos von MI-Experten dient in der Regel als Vorbereitung auf die Teilnahme an praxisorientierten Workshops. Diese empfehlen sich besonders, da dem Üben zum Erlernen des Ansatzes eine wesentliche Bedeutung zukommt (Körkel 2012; Rosengren 2015).

Wie bereits dargestellt (siehe Kap. 3 und 4), kann das Erlernen des MI-Spirit aber auch der OARS-Fertigkeiten als die Basis für die Aneignung der weiteren MI-Techniken angesehen werden (Miller und Moyers 2006; T. B. Moyers et al. 2005). Allerdings können diese Lernphasen zur Aneignung basaler Kenntnisse nie als abgeschlossen angesehen werden. Vielmehr handelt es sich im Idealfall eher um parallel fortschreitendes und aufeinander wirkendes Lernen aller MI-Prozesse (Miller und Rollnick 2015). Sobald sich jemand für die Anwendung des MI entschieden hat, lassen sich die eigenen Fertigkeiten am besten mittels feedbackorientierter Methoden weiterentwickeln (Miller und Rollnick 2015). Diese werden nun vorgestellt.

© Springer Fachmedien Wiesbaden GmbH, ein Teil von Springer Nature 2019
T. Weigl und J. Mikutta, *Motivierende Gesprächsführung*, essentials,
https://doi.org/10.1007/978-3-658-24481-1_7

7.1   Einsatz von Feedback

Zur besseren Selbsteinschätzung bieten sich insbesondere Videoaufnahmen von Gesprächen mit Klienten an, welche im Anschluss an die Sitzung eigenständig evaluiert werden. Im Folgenden sind einige Fragen aufgeführt, die sich für eine Beurteilung bestimmter Aspekte der eigenen Sitzung eignen (Miller und Rollnick 2015, S. 377–90):

- *Beträgt das Verhältnis der Reflexionen zu offenen Fragen mindestens 2:1?*
- *Sind mindestens 50 % der Fragen offen gestellt?*
- *Verwende ich mindestens 50 % komplexe Reflexionen?*
- *Höre ich genügend Change Talk bei gleichzeitig abnehmendem Sustain Talk? Falls nicht, was könnte ich in der nächsten Sitzung tun um mehr als 50 % Change Talk zu evozieren?*
- *Wurde auf Change Talk des Klienten mit offenen Fragen, Würdigungen, Reflexionen und Resümee reagiert?*
- *Bin ich entspannt oder ist das Gespräch wie ein Kampf? Habe ich möglicherweise unerlaubt Ratschläge gegeben oder den Klienten konfrontiert?*

Die genannten Kriterien können als Mindeststandard für eine ausreichend hohe Kompetenz in MI angesehen werden. An dieser Stelle sei daher erneut das kontinuierliche Üben inklusive Feedback und unter Umständen Coaching durch erfahrene MI-Anwender empfohlen – auch wenn die eben genannten Standards bereits bei der eigenen Gesprächsführung erreicht werden.

Neben dem Eigenfeedback bietet sich auch ein Feedback im Rahmen von Lerngruppen, das sogenannte „Peer-Coaching" an (Fuller und Taylor 2015; Rosengren 2015). So kann eine regelmäßige Verbesserung gewährleistet werden, auch wenn nicht dauerhaft ein MI-Trainer für Feedback zur Verfügung steht (Miller und Rollnick 2015). Daneben stehen regelmäßige Seminarangebote des Motivational Interviewing Network of Trainers (=MINT) auch im deutschsprachigen Raum zur Verfügung (www.motivationalinterviewing.org).

7.2   Standardisierte Beurteilungsinstrumente

Abgesehen von einer Eigenbeurteilung stehen aktuell auch zwei Instrumente zur Verfügung die das sog. „Coding", eine objektive Beurteilung des angewendeten MI ermöglichen. Zum einen der Beurteilungsbogen Motivational Interviewing Treatment Integrity (=MITI) und zum anderen der Beurteilungsbogen Motivational

Interviewing Skill Code (=MISC), welche beide auch in einer deutschen Version verfügbar sind (Brueck et al. 2009; Moyers 2003; Pierson et al. 2007).

Der MITI bzw. MITI-d ermöglicht eine Fremdbeurteilung über die Kompetenzen des Interviewers durch zwei Experten des MI. Eine Einschätzung der MI-Kompetenzen hinsichtlich verschiedener Aspekte ist dabei möglich von niedrig (1) bis hoch (5). Beispielhaft soll dies hier dargestellt werden für die MI-Kompetenz „Change Talk fördern". Die Aussage „Der Berater zeigt weder erkennbares Interesse an, noch eine Präferenz für Äußerungen des Klienten zugunsten einer Veränderung." stellt die niedrigste und „Der Berater ist deutlich und konstant bemüht, die Tiefe, Stärke und Eigendynamik der Äußerungen des Klienten zugunsten einer Veränderung zu erhöhen." die höchste Ausprägung dar.

Der MISC bzw. MISC-d hat dagegen den Vorteil, dass nicht nur eine Rückmeldung zum Interviewer, sondern auch über Verhaltensweisen von Klienten möglich ist. Auf dieser Grundlage lassen sich Gesprächskontakte hinsichtlich der Erreichung von Mindeststandards bzw. einer Verteilung der vorliegenden Kompetenzen in MI einordnen. Hierfür liegen bereits Prüfwerte vor (Moyers et al. 2005).

Diese Anregungen zur Verbesserung eigener MI-Fertigkeiten sollen ein Hinweis sein sich als Behandler nicht nur theoretisch-konzeptionell fortzubilden. Eine regelmäßige Evaluation und praktisches Training der benötigten Fertigkeiten, um Menschen bei erhofften Veränderungswünschen wirksam zu begleiten, halten die Qualität der eigenen Arbeit hoch. So können Erfolge in Beratung und Behandlung sicher gestellt werden und die Zufriedenheit mit der eigenen Arbeit ebenfalls steigen.

Was Sie aus diesem *essential* mitnehmen können

- Veränderung wird unter Wahrung der Autonomie des Klienten direktiv angestrebt
- Die Auseinandersetzung mit Ambivalenz nimmt bei der Gesprächsführung einen zentralen Stellenwert ein
- Die innere Haltung des Behandlers stellt die Grundvoraussetzung des Ansatzes dar
- Basistechniken der Gesprächsführung prägen sämtliche Prozessphasen
- Beurteilungsinstrumente ermöglichen eine kontinuierliche Verbesserung

© Springer Fachmedien Wiesbaden GmbH, ein Teil von Springer Nature 2019
T. Weigl und J. Mikutta, *Motivierende Gesprächsführung*, essentials,
https://doi.org/10.1007/978-3-658-24481-1

Literatur

Arkowitz, H., Miller, W. R., & Rollnick, S. (2017). *Motivational interviewing in the treatment of psychological problems.* New York: Guilford Press.

Bandura, A. (1977). Self-efficacy: Toward a unifying theory of behavioral change. *Psychological Review, 84*(2), 191–215. https://doi.org/10.1037/0033-295X.84.2.191.

Brueck, R. K., Frick, K., Loessl, B., Kriston, L., Schondelmaier, S., Go, C., Haerter, M., & Berner, M. (2009). Psychometric properties of the German version of the motivational interviewing treatment integrity code. *Journal of Substance Abuse Treatment, 36*(1), 44–48. https://doi.org/10.1016/j.jsat.2008.04.004.

Carpenter, C. J. (2010). A meta-analysis of the effectiveness of health belief model variables in predicting behavior. *Health Communication, 25*(8), 661–669. https://doi.org/10.1 080/10410236.2010.521906.

Catley, D., Goggin, K., Harris, K. J., Richter, K. P., Williams, K., Patten, C., Resnicow, K., Ellerbeck, E. F., Bradley-Ewing, A. (2016). A randomized trial of motivational interviewing. *American Journal of Preventive Medicine, 50*(5), 573–583. https://doi. org/10.1016/j.amepre.2015.10.013.

Cialdini, R. B., & Goldstein, N. J. (2004). Social influence: Compliance and conformity. *Annual Review of Psychology, 55*(1), 591–621. https://doi.org/10.1146/annurev. psych.55.090902.142015.

Deci, E. L., & Ryan, R. M. (2000). The "what" and "why" of goal pursuits: Human needs and the self-determination of behavior. *Psychological Inquiry, 11*(4), 227–268. https:// doi.org/10.1207/S15327965PLI1104_01.

Deci, E. L., & Ryan, R. M. (2008). Self-determination theory: A macrotheory of human motivation, development, and health. *Canadian Psychology/Psychologie canadienne, 49*(3), 182–185. https://doi.org/10.1037/a0012801.

DiClemente, C. C., Prochaska, J. O., Fairhurst, S. K., Velicer, W. F., Velasquez, M. M., & Rossi, J. S. (1991). The process of smoking cessation: An analysis of precontemplation, contemplation, and preparation stages of change. *Journal of consulting and clinical psychology, 59*(2), 295–304.

Dillard, P. K., Zuniga, J. A., & Holstad, M. M. (2017). An integrative review of the efficacy of motivational interviewing in HIV management. *Patient Education and Counseling, 100*(4), 636–646. https://doi.org/10.1016/j.pec.2016.10.029.

© Springer Fachmedien Wiesbaden GmbH, ein Teil von Springer Nature 2019   41
T. Weigl und J. Mikutta, *Motivierende Gesprächsführung, essentials,*
https://doi.org/10.1007/978-3-658-24481-1

Doran, G. T. (1981). There's a S.M.A.R.T. way to write managements's goals and objectives. *Management Review, 70*(11), 35–36.

Festinger, L. (1954). A theory of social comparison processes. *Human Relations, 7*(2), 117–140. https://doi.org/10.1177/001872675400700202.

Flückiger, C., Del Re, A. C., Wampold, B. E., & Horvath, A. O. (2018). The alliance in adult psychotherapy: A meta-analytic synthesis. *Psychotherapy (Chicago, Ill.).* https://doi.org/10.1037/pst0000172.

Fuller, C., & Taylor, P. (2015). *Therapie-Tools Motivierende Gesprächsführung* (2. Aufl.). Weinheim: Beltz.

Gesinde, B., & Harry, S. (2018). The use of motivational interviewing in improving medication adherence for individuals with asthma: A systematic review. *Perspectives in Public Health.* https://doi.org/10.1177/1757913918786528.

Gordon, T. (2015). *Familienkonferenz.* Hamburg: Hoffmann und Campe.

Harrison, J. A., Mullen, P. D., & Green, L. W. (1992). A meta-analysis of studies of the Health Belief Model with adults. *Health education research, 7*(1), 107–116.

Hartzler, B., Baer, J. S., Dunn, C., Rosengren, D. B., & Wells, E. (2007). What is seen through the looking glass: The impact of training on practitioner self-rating of motivational interviewing skills. *Behavioural and Cognitive Psychotherapy, 35*(04), 431. https://doi.org/10.1017/S1352465807003712.

Haynes, R. B., & Sackett, D. L. (1976). *Compliance with therapeutic regimens.* Baltimore: Johns Hopkins University Press.

Heather, N., Rollnick, S., Bell, A., & Richmond, R. (1996). Effects of brief counselling among male heavy drinkers identified on general hospital wards*. *Drug and Alcohol Review, 15*(1), 29–38. https://doi.org/10.1080/09595239600185641.

Høglend, P. (2014). Exploration of the patient-therapist relationship in psychotherapy. *American Journal of Psychiatry, 171*(10), 1056–1066. https://doi.org/10.1176/appi.ajp.2014.14010121.

Jähne, A., & Schulz, C. (2018). *Grundlagen der motivierenden Gesprächsführung: Für Beratung, Therapie und Coaching* (1. Aufl.). Paderborn: Junfermann.

Janis, I. L., & Feshbach, S. (1953). Effects of fear-arousing communications. *The Journal of Abnormal and Social Psychology, 48*(1), 78–92. https://doi.org/10.1037/h0060732.

Kanfer, F. H., Reinecker, H., & Schmelzer, D. (2006). *Selbstmanagement-Therapie: Ein Lehrbuch für die klinische Praxis.* Berlin: Springer Medizin.

Kiresuk, T. J., & Sherman, R. E. (1968). Goal attainment scaling: A general method for evaluating comprehensive community mental health programs. *Community Mental Health Journal, 4*(6), 443–453. https://doi.org/10.1007/BF01530764.

Körkel, J. (2012). 30 Jahre Motivational Interviewing: Eine Übersicht und Standortbestimmung. *Suchttherapie, 13*(03), 108–118. https://doi.org/10.1055/s-0032-1321782.

Krampe, H., Salz, A.-L., Kerper, L. F., Krannich, A., Schnell, T., Wernecke, K.-D., & Spies, C. D. (2017). Readiness to change and therapy outcomes of an innovative psychotherapy program for surgical patients: Results from a randomized controlled trial. *BMC psychiatry, 17*(1), 417. https://doi.org/10.1186/s12888-017-1579-5.

Kröger, C., Velten-Schurian, K., & Batra, A. (2016). Motivierende Gesprächsführung zur Aktivierung von Verhaltensänderungen. *DNP – Der Neurologe und Psychiater, 17*(9), 50–58. https://doi.org/10.1007/s15202-016-1377-9.

Lambert, M. J., & Barley, D. E. (2001). Research summary on the therapeutic relationship and psychotherapy outcome. *Psychotherapy: Theory, Research, Practice, Training, 38*(4), 357–361. https://doi.org/10.1037/0033-3204.38.4.357.

Lewin, K. (1968). *Die Lösung sozialer Konflikte.* Bad Nauheim: Christian-Verlag.

Lippke, S., & Renneberg, B. (2006). Theorien und Modelle des Gesundheitsverhaltens. In B. Renneberg & P. Hammelstein (Hrsg)., *Gesundheitspsychologie* (S. 35–60). Heidelberg: Springer.

Marker, I., & Norton, P. J. (2018). The efficacy of incorporating motivational interviewing to cognitive behavior therapy for anxiety disorders: A review and meta-analysis. *Clinical Psychology Review, 62,* 1–10. https://doi.org/10.1016/j.cpr.2018.04.004.

McBride, C. M., Emmons, K. M., & Lipkus, I. M. (2003). Understanding the potential of teachable moments: The case of smoking cessation. *Health education research, 18*(2), 156–170.

Miller, W. R. (1983). Motivational interviewing with problem drinkers. *Behavioural Psychotherapy, 11*(02), 147. https://doi.org/10.1017/S0141347300006583.

Miller, W. R., Benefield, R. G., & Tonigan, J. S. (1993). Enhancing motivation for change in problem drinking: A controlled comparison of two therapist styles. *Journal of consulting and clinical psychology, 61*(3), 455–461.

Miller, W. R., & Moyers, T. B. (2006). Eight stages in learning motivational interviewing. *Journal of Teaching in the Addictions, 5*(1), 3–17. https://doi.org/10.1300/J188v05n01_02.

Miller, W. R., & Rollnick, S. (2009). Ten things that motivational interviewing is not. *Behavioural and Cognitive Psychotherapy, 37*(02), 129. https://doi.org/10.1017/S1352465809005128.

Miller, W. R., & Rollnick, S. (2012). *Motivational interviewing: Helping people change.* New York: Guilford Press.

Miller, W. R., & Rollnick, S. (2015). *Motivierende Gesprächsführung* (3. Aufl.). Freiburg im Breisgau: Lambertus.

Moyers, T. (2003). Assessing the integrity of motivational interviewing interventions: Reliability of the motivational interviewing skills code. *Behavioural and Cognitive Psychotherapy, 31*(2), 177–184.

Moyers, T. B., Martin, T., Manuel, J. K., Hendrickson, S. M. L., & Miller, W. R. (2005). Assessing competence in the use of motivational interviewing. *Journal of Substance Abuse Treatment, 28*(1), 19–26. https://doi.org/10.1016/j.jsat.2004.11.001.

Pierson, H. M., Hayes, S. C., Gifford, E. V., Roget, N., Padilla, M., Bissett, R., Berry, K., Kholenberg, B., & Fisher, G. (2007). An examination of the motivational interviewing treatment integrity code. *Journal of Substance Abuse Treatment, 32*(1), 11–17. https://doi.org/10.1016/J.JSAT.2006.07.001.

Prochaska, J. O., & DiClemente, C. C. (1982). Transtheoretical therapy: Toward a more integrative model of change. *Psychotherapy: Theory, Research & Practice, 19*(3), 276–288. https://doi.org/10.1037/h0088437.

Rogers, C. R. (1983). *Die klientenzentrierte Gesprächspsychotherapie.* Frankfurt a. M.: Fischer-Taschenbuch.

Rollnick, S., & Miller, W. R. (1995). What is motivational interviewing? *Behavioural and Cognitive Psychotherapy, 23*(04), 325. https://doi.org/10.1017/S135246580001643X.

Rosenberg, B. D., & Siegel, J. T. (2017). A 50-year review of psychological reactance theory: Do not read this article. *Motivation Science, 23*(04), 325. https://doi.org/10.1037/mot0000091.

Rosengren, D. B. (2015). *Arbeitsbuch Motivierende Gesprächsführung* (2. Aufl.). Lichtenau: Probst.

Ruiter, R. A. C., Kessels, L. T. E., Peters, G.-J. Y., & Kok, G. (2014). Sixty years of fear appeal research: Current state of the evidence. *International Journal of Psychology, 49*(2), 63–70. https://doi.org/10.1002/ijop.12042.

Sabaté, E. (2003). *Adherence to long-term therapies: Evidence for action.* Geneva: World Health Organization.

Simpson, D. D. (2002). A conceptual framework for transferring research to practice. *Journal of substance abuse treatment, 22*(4), 171–182.

Swann, W. B., & Ely, R. J. (1984). A battle of wills: Self-verification versus behavioral confirmation. *Journal of personality and social psychology, 46*(6), 1287–1302.

VanBuskirk, K. A., & Wetherell, J. L. (2014). Motivational interviewing with primary care populations: A systematic review and meta-analysis. *Journal of behavioral medicine, 37*(4), 768–780. https://doi.org/10.1007/s10865-013-9527-4.

Westra, H. A., Aviram, A., & Doell, F. K. (2011). Extending Motivational Interviewing to the Treatment of Major Mental Health Problems: Current Directions and Evidence. *The Canadian Journal of Psychiatry, 56*(11), 643–650. https://doi.org/10.1177/070674371105601102.